sekolahan - sukuu	2
perjalanan - akwantuo	5
angkutan - ɛhyɛn	8
kutha - kuropɔn	10
lanskap - asaase	14
restoran - adidibea	17
supermarket - dwakɛseɛmu	20
ombenan - nsa	22
panganan - aduane	23
kebon - afuo	27
omah - efie	31
ruang tamu - ɛdan a wɔtena mu	33
pawon - gyaade	35
jedhing - adwareɛ	38
kamar anak - abɔfra dan mu	42
klambi - ataadeɛ	44
kantor - ɔfise	49
ekonomi - sikasem	51
gawean - nnwuma ahodoɔ	53
alat - akadeɛ	56
alat musik - mfidie a wɔde bɔ nnwom	57
kebon kewan - mmoakurabea	59
olahraga - agokansie	62
kegiatan - dwumadie ahodoɔ	63
keluarga - abusua	67
awak - nipadua	68
griya sakit - asopiti	72
dharurat - putupru	76
bumi - Ewiase	77
jam - mmerɛ kyerɛfoɔ	79
minggu - nnawɔtwe	80
tahun - afe	81
wangun - bɔbea	83
warna - ahosuo	84
kontras - abirabɔ	85
angka - nɔma	88
basa-basa - kasa ahodoɔ	90
sapa / apa / piye - hwan/aden/ sɛn	91
neng endi - hefa	92

Impressum
Verlag: BABADADA GmbH, Nedderfeld 112 , 22529 Hamburg
Geschäftsführer / Verlagsleitung: Harald Hof
Druck: Books on Demand GmbH, In de Tarpen 42, 22848 Norderstedt

Imprint
Publisher: BABADADA GmbH, Nedderfeld 112 , 22529 Hamburg, Germany
Managing Director / Publishing direction: Harald Hof
Print: Books on Demand GmbH, In de Tarpen 42, 22848 Norderstedt

sekolahan
sukuu

- para kyɛmu
- blabag kanggo nulis / bɔɔdo
- kelas / adesua dan mu
- latar sekolah / sukuu asaase
- guru / ɔkyerɛkyerɛni
- dluwang krataa
- nulis / twerɛ
- pen / twerɛdua
- meja / pono
- garisan / susudua
- buku / nwoma
- murid / sukuuni

tas sekolah
baage

tepak potlot
adeɛ wɔde twerɛdua hyɛ mu

potlot
twerɛdua

orotan potlot
adea wɔde sensene twerɛdua ano

setip
rɔba

lemek nggambar
drɔɔwin nkrataa

gambar
drɔɔwin

kuwas
adeɛ a wɔde bɔ akaadoo mu

tepak cat nggambar
akaadoo adaka

gunting
apasoɔ

lem
aduro a wɔde sɔ nnooma bɔ mu

buku latihan soal
krataa wɔyɛ dwumadie wɔ mu

pakaryan omah
efie adwuma

angka
nɔma

tambah
ka bom

suda
te frim

ping
fabaho

itung
bo ho nkonta

aksara
atwerɛdeɛ

abjad
atwerɛdeɛ

tembung
asɛm

sekolahan - sukuu

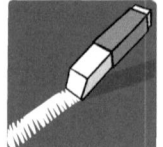

teks
atwerɛ

maca
kan

kapur
chalk

wulangan
adesua

dhaptar
krataa a din ahodoɔ wɔ mu

ujian
nsɔhwɛ

sertipikat
nimdeɛ krataa

sragam sekolah
sukuu ataadeɛ

pendhidhikan
adesua

ensiklopedia
encyclopedia

universitas
suapon kɛseɛ

mikroskop
afidie a wɔde hwɛ adeɛ aniwa ntumi nhunu

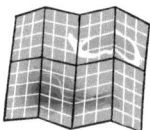

peta
asaase mfonin a ɛwɔ krataa so

kranjang larahan
kɛntɛn a wɔde krataa na ayɛ a wɔde nwura gu mu

sekolahan - sukuu

perjalanan
akwantuo

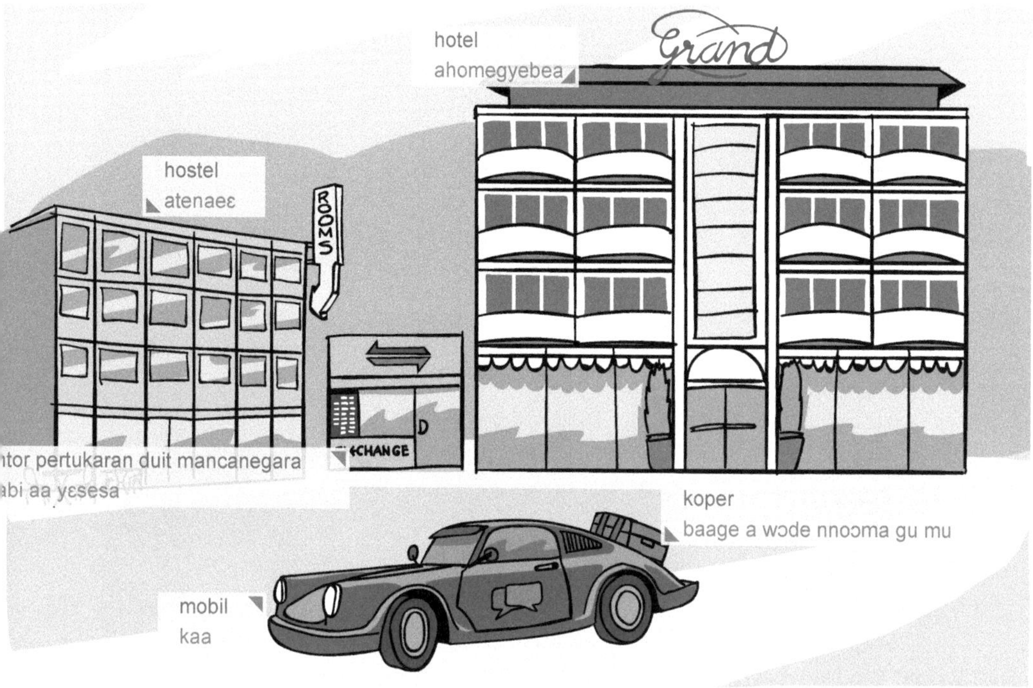

hotel
ahomegyebea

hostel
atenaeɛ

kantor pertukaran duit mancanegara
sikabi aa yɛsesa

koper
baage a wɔde nnooma gu mu

mobil
kaa

basa
kasa

iya / ora
aane / daabi

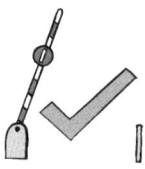

oke
Yoo

halo
hɛlo

juru basa
deɛ wɔkyerɛkyerɛ kasa ase

matur nuwun
Medaase

Piro regane ...?
... ɛyɛ sɛn?

aku ora ngerti
Menteaseɛ

masalah
ɔhaw

Sugeng dalu!
Maadwo!

Sugeng enjang
Maakye!

Sugeng dalu!
Da yie!

pareng
nante yie

arah
akwankyerɛ

koper
nnooma a wɔde tu kwan

tas
kɔtɔkuo

ransel
baage a yɛde bɔ yakyi

tamu
ɔhɔhoɔ

kamar
danmu

kantong turu
bag a yɛda mu

tenda
ntomadan

perjalanan - akwantuo

informasi turis

adesrafoɔ nsɛm

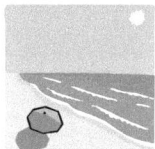

pantai

po ano

kertu kredit

krɛdit kaade

sarapan

anopa aduane

mangan awan

awia aduane

mangan ing wayah bengi

anwumerɛ aduane

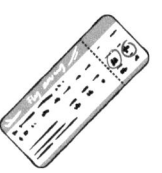

tiket

tikiti

lift

pagya

perangko

agyinahyɛdeɛ

watesan

ɛhyeɛ

cukai

adwumayɛfoɔ a wɔgyina aman mmienu hyeɛ so

kedutaan

ɔman bi asoeɛ

visa

akwantuo krataa

paspor

akwantuo krataa

perjalanan - akwantuo

angkutan
ɛhyɛn

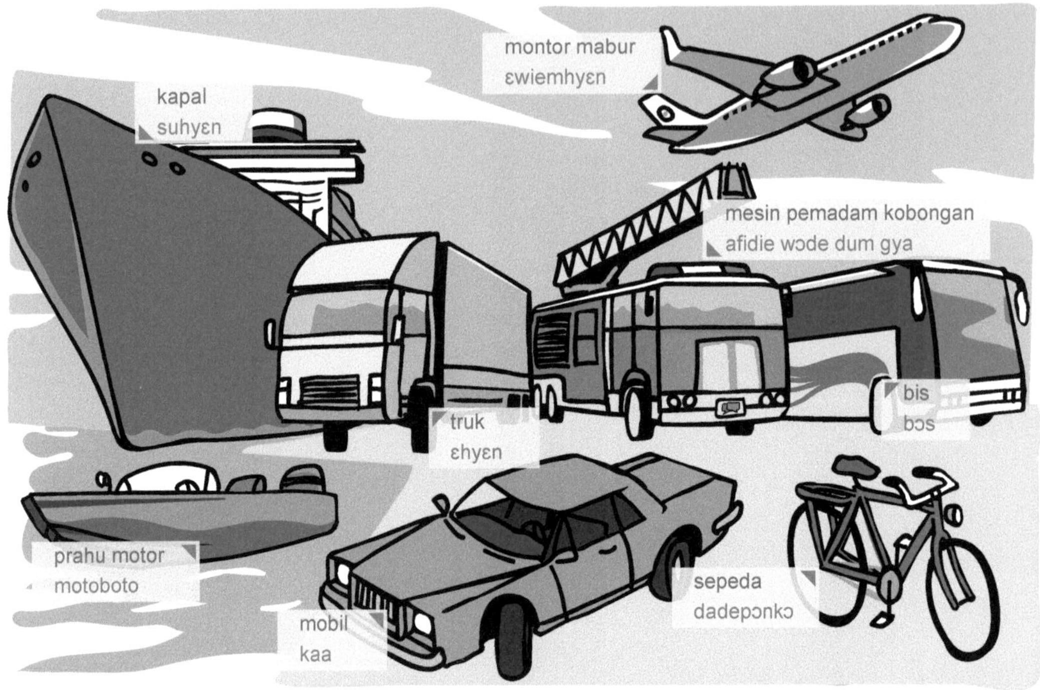

montor mabur
ɛwiemhyɛn

kapal
suhyɛn

mesin pemadam kobongan
afidie wɔde dum gya

truk
ɛhyɛn

bis
bɔs

prahu motor
motoboto

sepeda
dadepɔnkɔ

mobil
kaa

feri
subonto

perahu
suhyɛn

sepeda motor
dadepɔnkɔ

mobil polisi
apolisifoɔ kaa

mobil balapan
kaa a wɔde si akan

mobil sewa
hyɛn aa yɛ hain

sewa mobil

kaa a wɔde ma obi de di dwuma

truk derek

kaa a wɔde twe ɛhyɛn a asɛe

truk resek

bɔɔla kaa

motor

moto

bensin

ngo

pom bensin

beaɛ a wɔtɔn pɛtro

tanda dalan

trafik ahyɛnsodeɛ

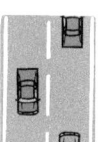

lalu lintas

trafik

macet

ɛhyɛn ntumi nkɔ ntɛm

parkir mobil

kaa gyinabea

stasiun sepur

keteke steshin

ril sepur

ketekye kwan

sepur

ketekye

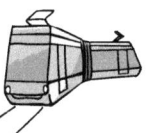

tram

ketekye

grobak

afidie a wɔtena mu wɔ wiem tu kwan

angkutan - ɛhyɛn

helikopter	lapangan montor mabur	menara
ewiemhyɛn	dadeɛanoma gyinabea	dan tentene

penumpang	kontener	kerdhus
obi a wɔforo hyɛn	adaka	adaka

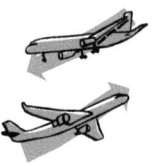

troli	kranjang	mabur / ndarat
teaseɛnam	kɛntɛn	tu / si fam

kutha
kurɔpɔn

desa	tengah kutha	omah
akurase	kurɔpɔn hyiabea	efie

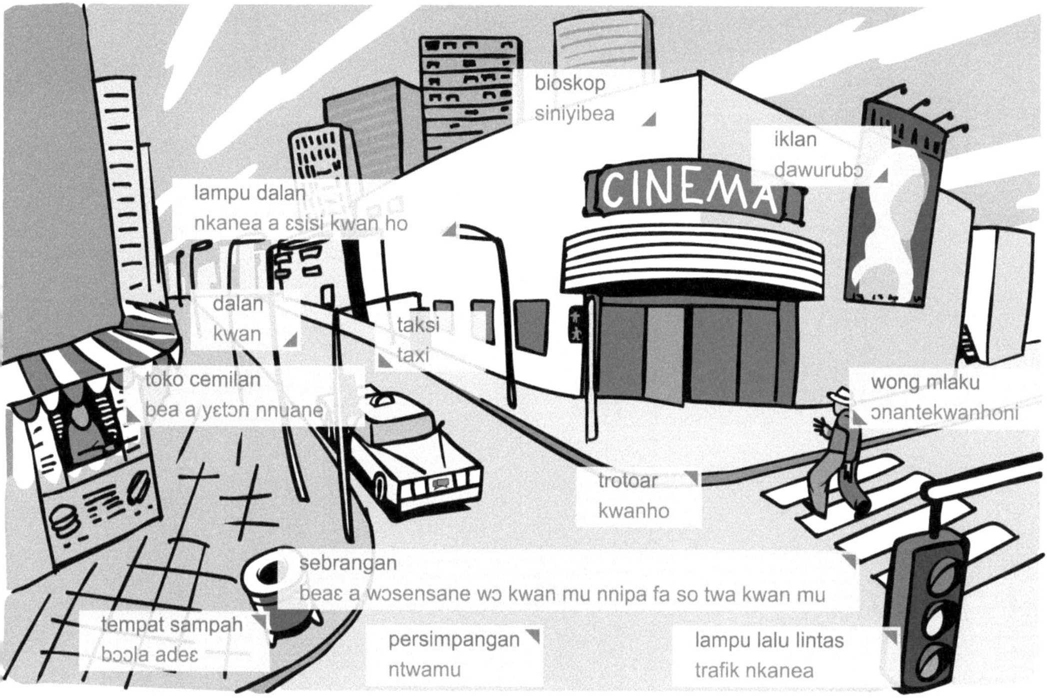

bioskop
siniyibea

iklan
dawurubɔ

lampu dalan
nkanea a ɛsisi kwan ho

dalan
kwan

taksi
taxi

toko cemilan
bea a yɛtɔn nnuane

wong mlaku
ɔnantekwanhoni

trotoar
kwanho

sebrangan
beaɛ a wɔsensane wɔ kwan mu nnipa fa so twa kwan mu

tempat sampah
bɔɔla adeɛ

persimpangan
ntwamu

lampu lalu lintas
trafik nkanea

gubuk
ntaabodan

apartemen
tenabea

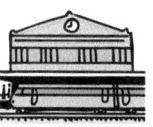

stasiun sepur
keteke steshin

bale kutha
kurom nhyiadanmu

museum
mesiɔm

sekolahan
sukuu

kutha - kuropɔn

universitas
suapon kɛseɛ

bank
sikakorabea

griya sakit
asopiti

hotel
ahomegyebea

apotek
beaɛ a wɔtɔn nnuro

kantor
ɔfise

toko buku
beaɛ a wɔtɔn nwoma

toko
beaɛ a wɔtɔn adeɛ

toko kembang
nhwiren kuani

supermarket
dwakɛseɛmu

pasar
dwamu

toko sarwa ana
asoeɛ sotɔɔ

toko iwak
nnam tɔnfo

mal
adetɔ beae

pelabuhan
suhyɛn gyinabea

kutha - kuropɔn

taman
agodibea

bangku
akɔnnwa

tretek
nsamsɔɔ

andha
adeɛ wɔee foro aborosan

metro
asaasease

trowongan
tɔkuro a w'atu no asaase mu de ayɛ kwan

halte bis
ɛhyɛn gyinabea

bar
nsanombea

restoran
adidibea

kotak surat
krataa adaka

pratandha dalan
kwan ahyɛnsodeɛ

meteran parkir
kaagyinaho meta

kebon kewan
mmoakurabea

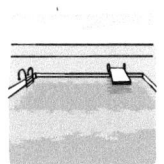
kolam renang
nsuo a wɔdware mu

masjid
masalakyi

kutha - kuropɔn

kebon
afuo

polusi
ewiem sɛeɛ

kuburan
nsamanpɔ mu

greja
asore

panggon dolanan
agodibea

candi
hyiadan

lanskap
asaase

godong ahaban

plang akyerɛkyerɛkwan

dalan kwan

beran sare asaase

watu boba

uwit dua

wong munggah pipo so foronii

kali asubɔntene

suket nsensan

kembang nhwiren

lembah
ɛbɔn

bukit
bepɔ

tlogo
sutadeɛ

alas
kwaeɛ

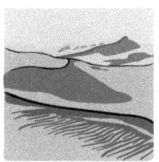

ara-ara
ɛserɛ so

gunung geni
egya a ɛfiri bepɔ mu ba

keraton
ahenfie

kluwung
nyankontɔn

jamur
mmire

uwit palem
abɛdua

lemut
ntontom

laler
wasena

semut
ntatea

tawon
wowa

angga-angga
ananse

lanskap - asaase

kumbang

kukurubibi

kodok

apɔnkyerɛnee

bajing

opuro

landhak

kotoko

truwelu

adanko

manuk dares

patuo

manut

anomaa

banyak

dabodabo

celeng

kɔkɔte

kidang

wansane

menjangan

torɔm

bendungan

sutadeɛ

turbin angin

mframa tɛɛbain

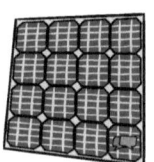

panel srengenge

adeɛ ɛtwe anyinam ahoden firi awia mu

iklim

ewiem

lanskap - asaase

restoran
adidibea

- laden
  barima a wɔsom wɔ beaɛ a wɔtɔn aduane
- menu
  aduane ahodoɔ wɔtɔn
- kursi
  akonwa
- sop
  nkwan
- pizza
  pizza
- taplak meja
  ntoma a wɔde kata ɛpono so
- alat mangan
  atere ne nsikan a wɔde didie

hidangan pambuka
ahyɛaseɛ

menu utama
aduane titriw

hidangan penutup
nnɔkɔnnɔkwade

ombenan
nsa

panganan
aduane

gendul
toa

restoran - adidibea

panganan instan
aduane wɔyɛ no ɔhare so

jajan cemilan
aduana a ɛyɛ kwan ho

ceret teh
tea kukuo

kaleng gula
asikyire kyɛnsen

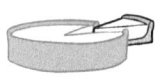

porsi
fa

mesin espresso
espresso afidie

kursi duwur
akonwa tenten

tagihan
ka krataa

baki
apanpan

lading
sikanmoa

sendok garpu
adinam

sendok
atere

sendok teh
tea atere

serbet
ntoma a wɔde sɛ pono so

gelas
ahwehwɛ

restoran - adidibea

piring	piring sop	lepek
plɛɛte	nkwan plɛɛte	plɛte ketewa

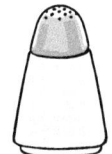

duduh	gendul uyah	bubuk mrico
frɔyɛ	nkyene kukuo	adeɛ a wɔde twi mako

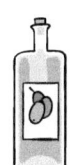
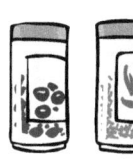

cuka	lenga	bumbon
vinegar	anwa	atosodeɛ

saos tomat	mustar	mayones
ketchup	sinapi aba	mayonis

restoran - adidibea

supermarket
dwakɛseɛmu

tawaran khusus
akwanya soronko

langganan
obi a wɔtɔ wadeɛ

produk saka susu
milikyi nnuane

woh-wohan
nnuaba

tɔ adeɛ pia berɛ a wɔretɔ adeɛ

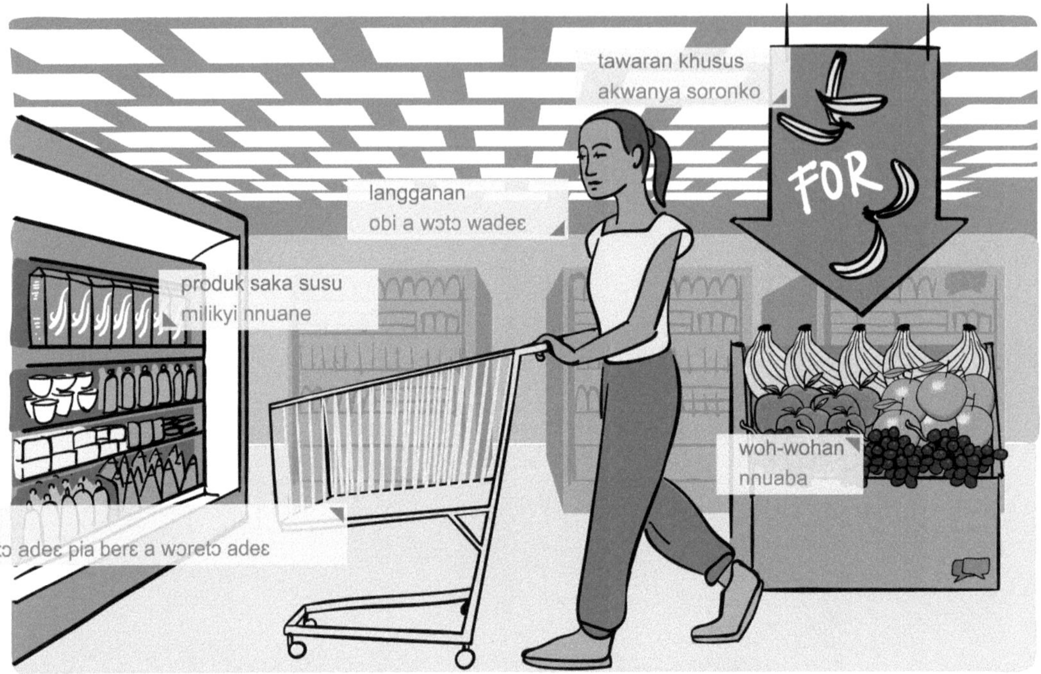

toko daging
nnamtwafo

toko roti
brodotofo

nimbang
susu

janganan
atosodeɛ

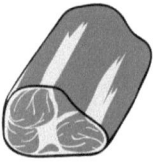

daging panggang
nnam

panganan beku
aduane a wɔde ahyɛ
sukɔtwea adaka mu

supermarket - dwakɛseɛmu

irisan daging
nnam a yɛy nwunu

panganan kaleng
nnuane a ɛwɔ konku mu

deterjen
aduro a wɔde si nnɔɔma

permen
adɔkɔkɔdɔkɔdeɛ

produk reresik omah
efie nnɔɔma

produk reresik
nnuro a wɔde hohoro nnɔɔma ho

bakul
adetɔni

mesin kasir
adeɛ a wɔgye sika de gu mu

kasir
obi a wɔhwɛ sika so

daftar blanja
nnɔɔma a wobɛtɔ

jam buka
mmerɛ a ɔmo de bue

dompet
kɔtɔkuo

kertu kredit
krɛdit kaade

tas
botɔ

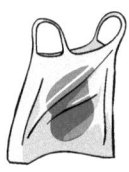
tas kresek
rɔba botɔ

supermarket - dwakɛseɛmu

ombenan
nsa

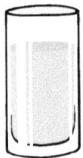
banyu
nsuo

jus
aduaba mu nsuo

susu
milikyi

ombenan kanthi karbon
coke

anggur
nsa

bir
beer

alkohol
nsaden

coklat
kookoo

teh
tea

kopi
kɔfe

espresso
espresso

cappuccino
cappuccino

panganan
aduane

gedhang
kwadu

apel
aprɛ

jeruk
akutuo

semangka
mɛlɔn

jeruk lemon
akutuo

wortel
karɔt

bawang
galeke

pring
mpampuro

bawang
gyeene

jamur
mmire

kacang
nkateɛ

bakmi
talia

spageti	sego	salad
talia	ɛmo	salad

kentang goreng	kentang goreng	pizza
kyips	aborodwomaa w'akye	pizza

hamburger	roti isi	daging irisan
hamburger	sandwich	ntwetwade

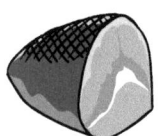

daging ham	salami	sosis
prɛko nam	salami	sɔsegye

pitik	daging panggang	iwak
akokɔnam	toto	nsuomunam

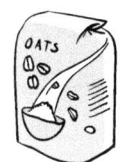
bubur gandum
oats koko

muesli
muesli

sereal jagung
cornflakes

glepung
esam

croissant
croissant

roti
brodo a yabobɔ

roti
brodo

roti panggang
ho

biskuit
biskit

mertega
bɔta

dadih
koko

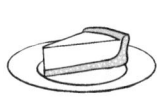
kue
ɔfam

endog
kosua

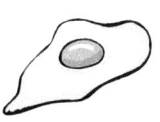
endog goreng
kosua a yakye

keju
kyeese

panganan - aduane

es krim	gula	madu
ise krim	asikyire	ɛwoɔ

sele	krim nugat	kare
ɛam	kyɔkolate a wɔde yɛ aduane mu	kɔri

panganan - aduane

kebon
afuo

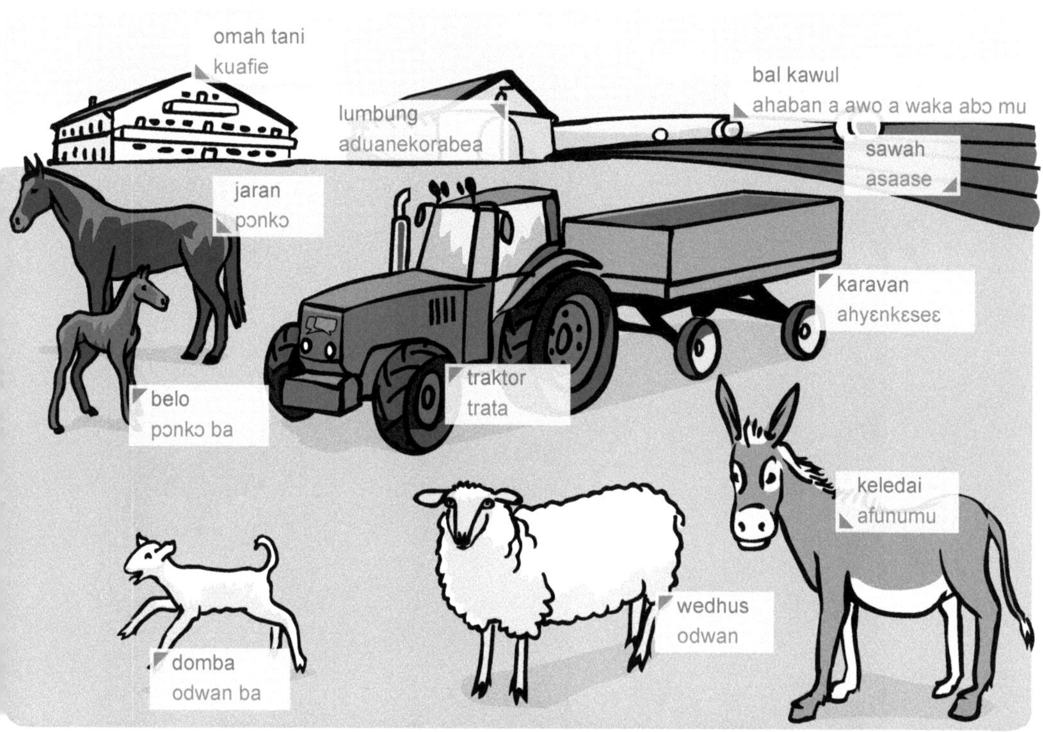

omah tani / kuafie
lumbung / aduanekorabea
bal kawul / ahaban a awo a waka abɔ mu
sawah / asaase
jaran / pɔnkɔ
karavan / ahyɛnkɛseɛ
belo / pɔnkɔ ba
traktor / trata
keledai / afunumu
domba / odwan ba
wedhus / odwan

wedhus
apɔnkye

sapi
nantwie

pedhet
nantwie ba

babi
prɛko

gambluk
prɛko ba

kebo
nantwinini

banyak
dabodabo

bebek
dabodabo

kuthuk
akokɔba

babon
akokɔbedeɛ

jago
akokɔnini

tikus
akura

kucing
agyinamoa

tikus
akura

sapi
nantwi

asu
ɔkraman

kandang asu
kramanfie

selang
drobɛn a wɔde nsuo fa mu gugu nnɔɔma so

gembor
toa wɔde nsuo gu mu de gugu nnɔɔma so

arit gede
kantankrankyi

waluku
afidie a wɔde funtum asaase ani

kebon - afuo

arit gede
sɔsɔwa

pacul
asɔ

garu
fɔɔki kɛseɛ

kapak
akuma

grobak surung
hweebaro

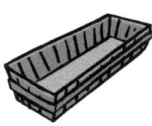

wadah pakan
adea mmoa didi mu

kaleng susu
milikyi konku

karung
kotoku

pager
ɛban

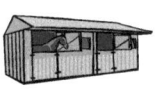

kandang
mmoa dan

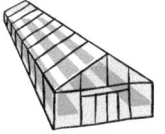

omah kaca
nnuaba dan mu

lemah
anwea

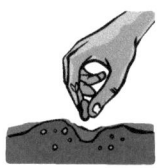

wiji
aba

rabuk
nnuro a wɔde gu mfudeɛ ho

traktor panen
nnuanetwa kaa kɛse

kebon - afuo

manen
twa

panen
mfudeɛ

ubi
bayerɛ

gandum
ayuo

kedelai
soya

kentang
aborɔdwomaa

jagung
aburo

lobak
rapedua aba

wit woh-wohan
aduaba dua

telo
bankye

sereal
aburo aduane

kebon - afuo

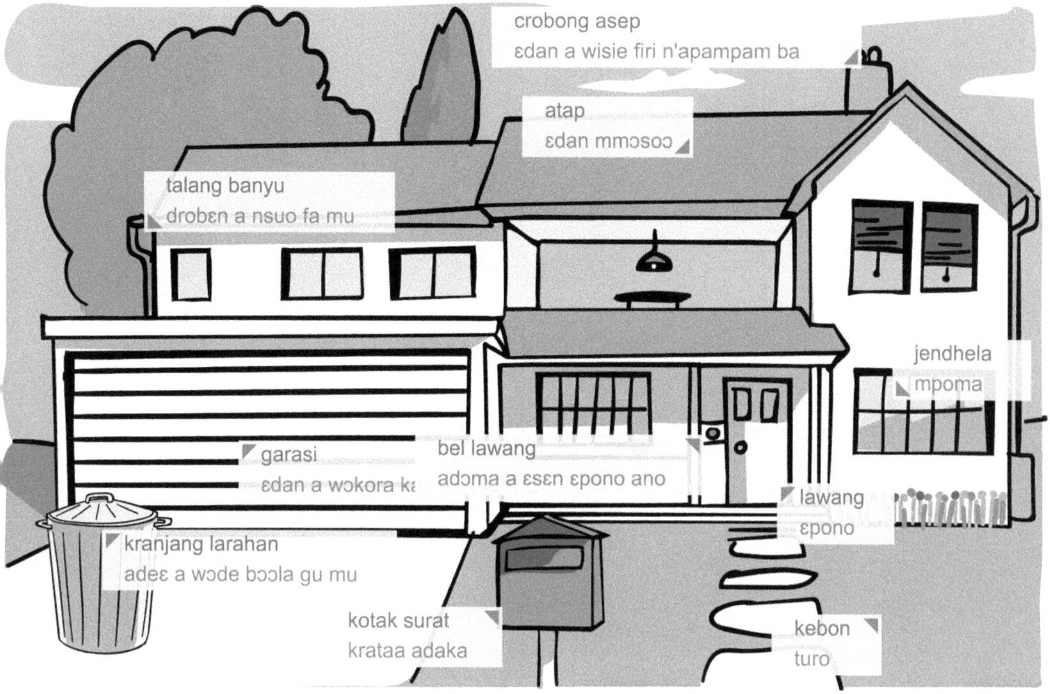

omah
efie

crobong asep
ɛdan a wisie firi n'apampam ba

atap
ɛdan mmɔsoɔ

talang banyu
drobɛn a nsuo fa mu

jendhela
mpoma

garasi
ɛdan a wɔkora kɑ...

bel lawang
adɔma a ɛsɛn ɛpono ano

lawang
ɛpono

kranjang larahan
adeɛ a wɔde bɔɔla gu mu

kotak surat
krataa adaka

kebon
turo

ruang tamu
ɛdan a wɔtena mu

jedhing
adwareɛ

pawon
gyaade

kamar turu
piam

kamar anak
abɔfra dan mu

kamar panedhaan
ɛdan a wɔdidi wɔ mu

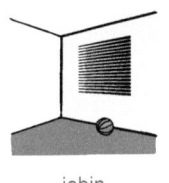
jobin
fam

tembok
ɛban

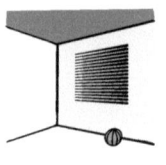
pyan
siilin

gudhang ing njero lemah
ɛdan a ɛhyɛ fam

sauna
beaɛ a wɔkɔto hyew

balkon
pɔɔkye

teras
asaase a wafuntum na
wɔde dua nnɔbaeɛ

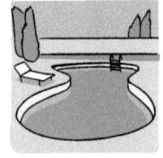
blumbang kanggo nglangi
nsuo a wɔdware mu

mesin kanggo motong suket
afidie a wɔde dɔ

lembaran
krataa

sprei
nnasoɔ

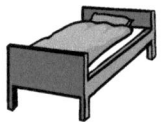
dipan
mpa

sapu
praeɛ

ember
bɔkiti

tombol
deɛ wɔde sɔ kanea

ruang tamu
ɛdan a wɔtena mu

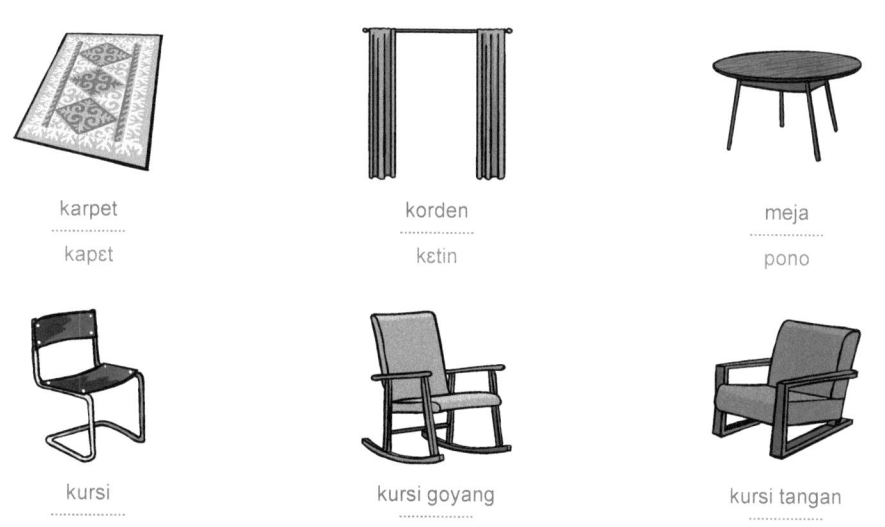

- kertas tembok / mfonin a wɔde fam dan ho
- gambar / mfoni
- lampu / kanea
- rak / beaɛ wɔkora nwoma
- lemari / kɔbɔd
- perapian / beaɛ egya wɔ
- TV / tɛlɛfishin
- kembang / nhwiren
- bantal / kushin
- vas nhwiren / toa
- sofa / akonwa
- remot kontrol / remotu

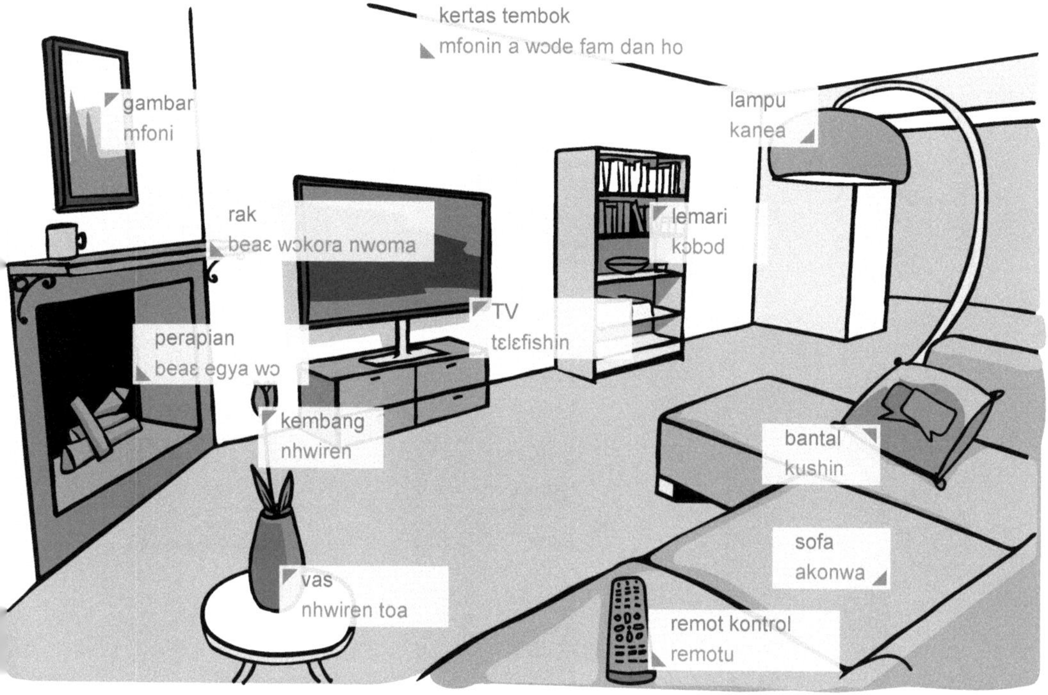

karpet / kapɛt	korden / kɛtin	meja / pono
kursi / akonwa	kursi goyang / akonwa aa ɛkɔ anim ne akyi	kursi tangan / nsaakonwa

ruang tamu - ɛdan a wɔtena mu

buku
nwoma

selimut
kuntu

dekorasi
beaɛ asiesie

kayu bakar
egya

film
mfoni

hi-fi
hi-fi afidie

kunci
safoa

koran
dawurubɔ krataa

lukisan
akaado

poster
mfoni

radio
akasanoma

buku catetan
nwoma a wɔtwerɛ nsɛmpɔ gu mu

penyedot lebut
afidie a wɔde pra mfuturo

kaktus
cactus

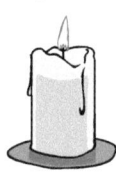
lilin
kandele

ruang tamu - ɛdan a wɔtena mu

pawon
gyaade

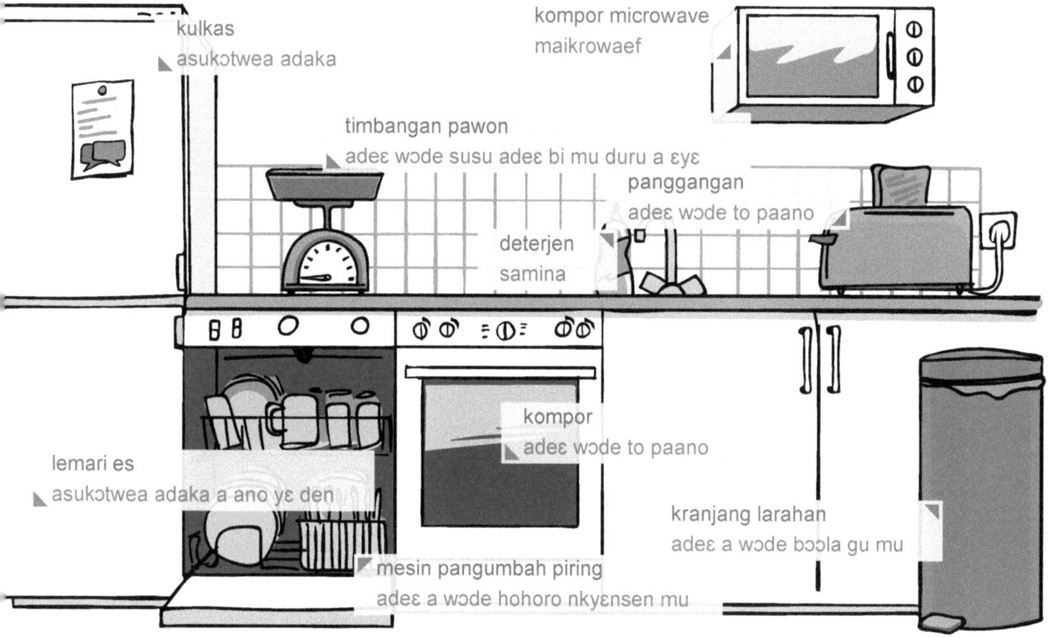

kulkas
asukɔtwea adaka

kompor microwave
maikrowaef

timbangan pawon
adeɛ wɔde susu adeɛ bi mu duru a ɛyɛ

panggangan
adeɛ wɔde to paano

deterjen
samina

kompor
adeɛ wɔde to paano

lemari es
asukɔtwea adaka a ano yɛ den

kranjang larahan
adeɛ a wɔde bɔɔla gu mu

mesin pangumbah piring
adeɛ a wɔde hohoro nkyɛnsen mu

kompor
adeɛ a wɔde noa aduane

panci
kukuo

panci wesi
dadesɛn

wajan
wok / kadai

wajan
pan

ceret
adeɛ wɔde noa nsuo

kukusan

nea yɛde ka aduane hye

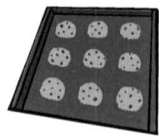

loyang

adeɛ wɔto so paano

pecah belah

nkyɛnsen a wɔdidi mu

mug

kuruwa

mangkok

kyɛnsen

sumpit

nnua a wɔde didie

irus

kwantere

solet

atere

udeg

adeɛ wɔde nu adeɛ mu

ayakan

sɔneɛ

saringan

sɔneɛ

parutan

adeɛ a wɔde twi adeɛ

lumpang

waduro

panggangan

adeɛ a wɔde toto nam

geni

egya a biribiara mmɔ ho ban

pawon - gyaade

telenan
adeɛ a wɔtwitwa so nnooma

gilingan adonan
adea wɔde twi nnooma

kotrek
adeɛ a wɔde tu toa ano

kaleng
konku

bukaan kaleng
adeɛ wɔde bie konku so

cempal
nea yɛde sɔ kukuo mu

wastafel
adeɛ a wɔhohoro nkyɛnse wɔ mu

sikat
adeɛ a wɔde twitwi

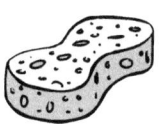

sepon
sapɔ

blender
afidie wɔde yam nnuane

kulkas
asukɔtwea adaka a ano yɛ den

gendul bayi
abɔfra toa

kran
nsuo

pawon - gyaade 37

jedhing
adwareɛ

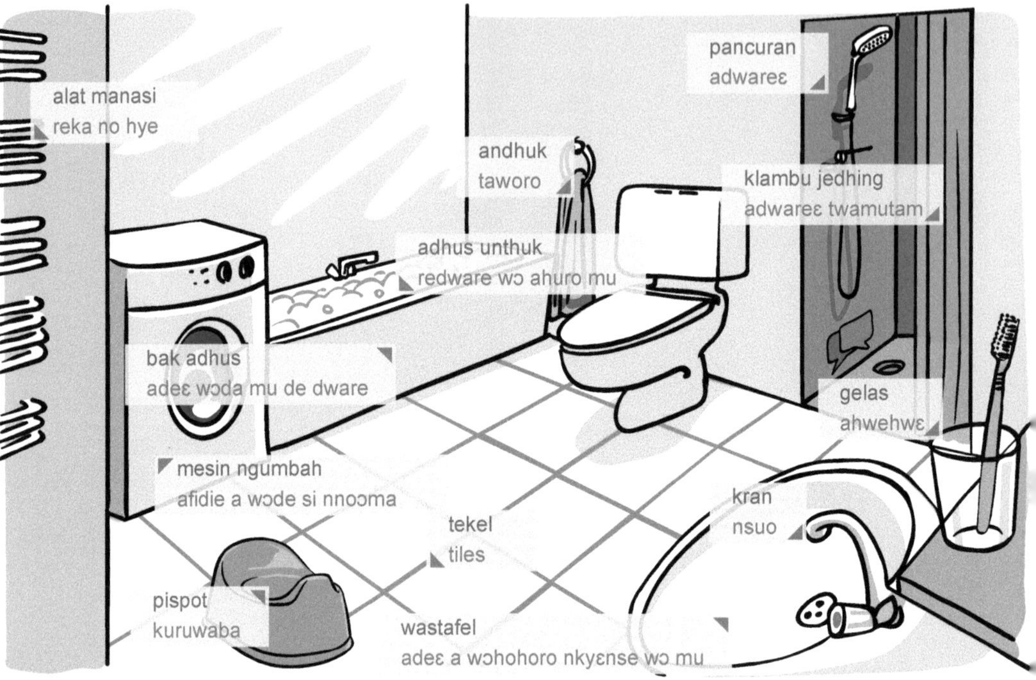

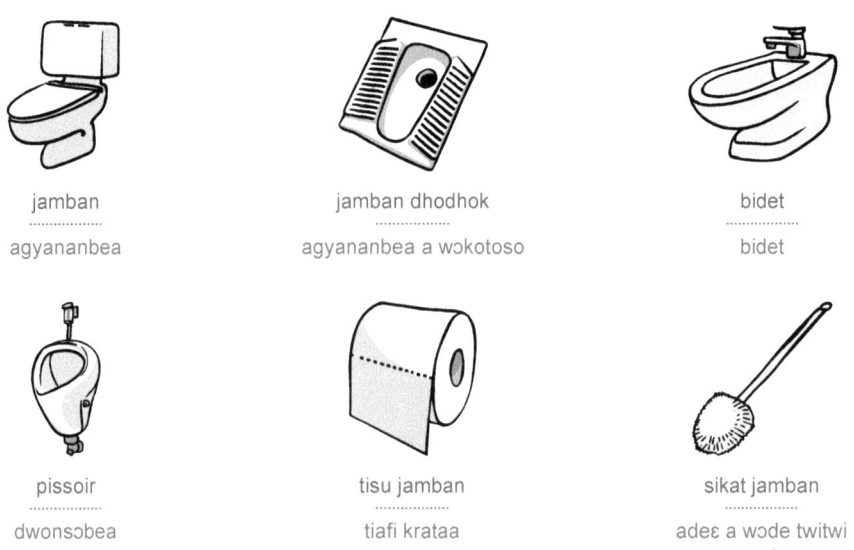

pancuran adwareɛ

alat manasi
reka no hye

andhuk taworo

klambu jedhing
adwareɛ twamutam

adhus unthuk
redware wɔ ahuro mu

bak adhus
adeɛ wɔda mu de dware

gelas
ahwehwɛ

mesin ngumbah
afidie a wɔde si nnɔɔma

tekel
tiles

kran nsuo

pispot
kuruwaba

wastafel
adeɛ a wɔhohoro nkyɛnse wɔ mu

jamban
agyananbea

jamban dhodhok
agyananbea a wɔkotoso

bidet
bidet

pissoir
dwonsɔbea

tisu jamban
tiafi krataa

sikat jamban
adeɛ a wɔde twitwi agyanbea

38 jedhing - adwareɛ

sikat untu
adeɛ wɔde twitwiri ɛse

odol
aduro wɔde twitwiri ɛse

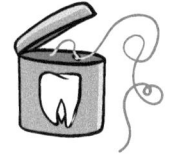
bolah untu
adeɛ wɔde yiyi ɛse ntam

ngumbahi
si

gagang shower
adeɛ wɔsɔ mu de dware

pancuran
adeɛ nsuo fa mu na wɔde hohoro mmaa ase

baskom
adeɛ wɔsi nnooma wɔ mu

sikat geger
adeɛ wɔde twitwi yakyi

sabun
samina

gel pancuran
adwareɛ samina

sampo
deɛ wɔde hohoro tirinwii mu

hem
ntoma wɔde asaawa na ayɛ

nguras
nsuokwan

krim
nkuu

deodoran
aduro a wɔde fa mmɔtoamu

pangilon
ahwehwɛ

koco tangan
ahwehwɛ kumaa

silet
yiwan

umpluk cukur
aduro a wɔde yi

aftershave
aduro a wɔde sera beaɛ wayi

jungkat
afe

sikat untu
brɔsh

hairdryer
afidie a wɔde ka nwii ma no wo

hairspray
adeɛ wɔde aduro gu mu de gu nwii so

dandanan
adeɛ wɔde yɛn wɔn anim

gincu
adeɛ wɔde keka ano

kuteks
aduro a wɔde ka mmɔwerɛ so

kapas
asaawa

gunting kuku
apasoɔ a wɔde twitwa mmɔwerɛ

parfum
aduham

jedhing - adwareɛ

kantong adhus

baage a wɔde nnoɔma gu mu wɔ adwareɛ

dingklik

akonwa

timbangan

afidie a wɔde susu adeɛ bi mu duro

jubah kanggo sawise adhus

ataadeɛ wɔhyɛ berɛ a wɔrekɔdware

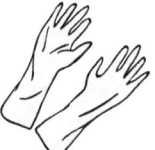

sarung karet

adeɛ wɔde hyɛ wɔn nsa a wɔde rɔba na ayɛ

tampon

adeɛ wɔde twe nsuo firi pirakuro mu

pembalut

deɛ mmaa de siesie wɔn ho berɛ wɔn abu wɔn nsa

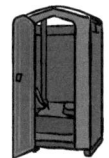

jamban nganggo bahan kimia

agyananbea a wɔde nnuro kora

jedhing - adwareɛ

kamar anak
abɔfra dan mu

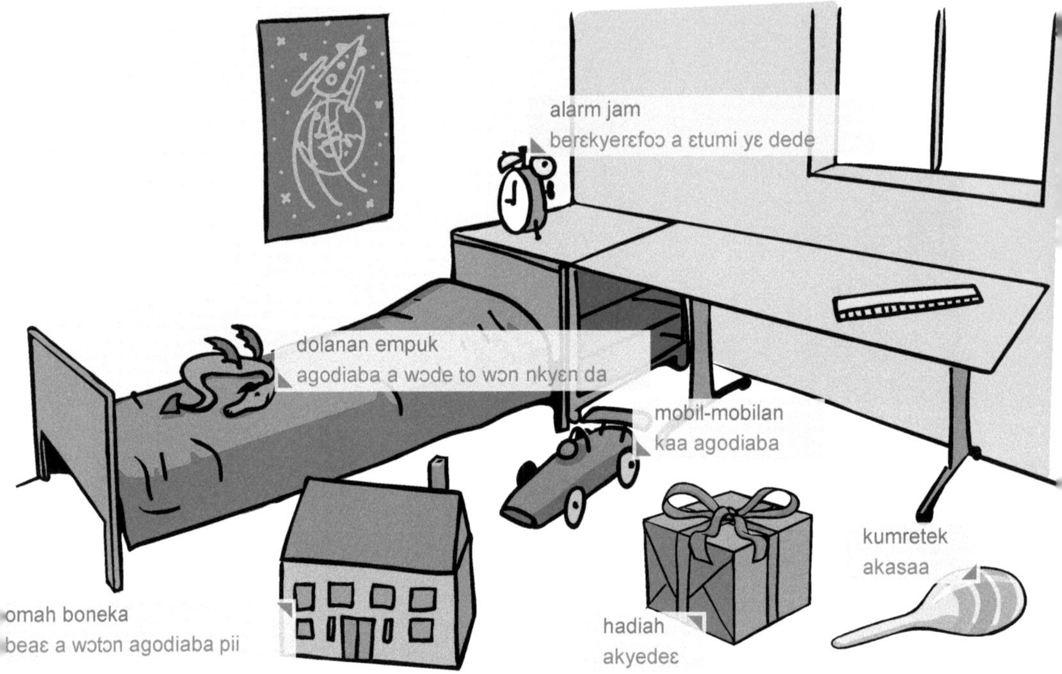

alarm jam — berɛkyerɛfoɔ a ɛtumi yɛ dede

dolanan empuk — agodiaba a wɔde to wɔn nkyɛn da

mobil-mobilan — kaa agodiaba

kumretek akasaa

rumah boneka — beaɛ a wɔtɔn agodiaba pii

hadiah — akyedeɛ

balon
baluu

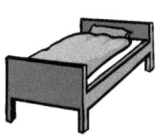
dipan
mpa

kreto bayi
adeɛ a wɔde mmɔfra to mu pia wɔn

meja kertu
nkrataa a ɛhyɛ adaka mu

teka-teki
mfonin asiniasini a wɔkeka si ani hyehyɛ

komik
mmɔfra aseresɛm nwoma

bata lego
lego bricks

balok dolanan
blɔks a wɔde si dan

boneka aksi
mmɔfra agodiaba

klambi bayi
mmɔfra ataade a wɔayɛ abɔ mu

frisbee
frisbee

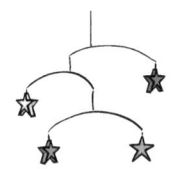
dolanan gantungan
agodiaba a wɔde sensɛne mmɔfra mpa so

dolanan meja
agorɔ a ɛwɔ pono so

dadu
ludu aba

sepur dolanan
ketekye ketewa

dot
adeɛ a wɔde hyɛ mmɔfra anumu

pesta
apontoɔ

buku gambar
krataa mfonin wɔ mu

bal
bɔɔlo

boneka
agodiaba

dolanan
di agorɔ

kamar anak - abɔfra dan mu

panggon dolanan pasir

adeɛ wɔde anwea agu mu a mmɔfra di mu agorɔ

ayunan

adonko

dolanan

agodiaba

konsol video game

afidie abɛɛfo agodie wɔ so a wɔbɔ

sepeda roda telu

dadepɔnkɔ a ne nan yɛ mmiensa

beruang teddy

sisire agodiaba

lemari sandhangan

wɔdrop

klambi
ataadeɛ

kaos kaki

adeɛ a wɔhyɛ ansa na wahyɛ mpaboa

stoking

ataade tenten a wɔhyɛ wɔ wɔn nan ho

kathok singset

ataadeɛ a ɛkyekyere deɛ wahyɛ no

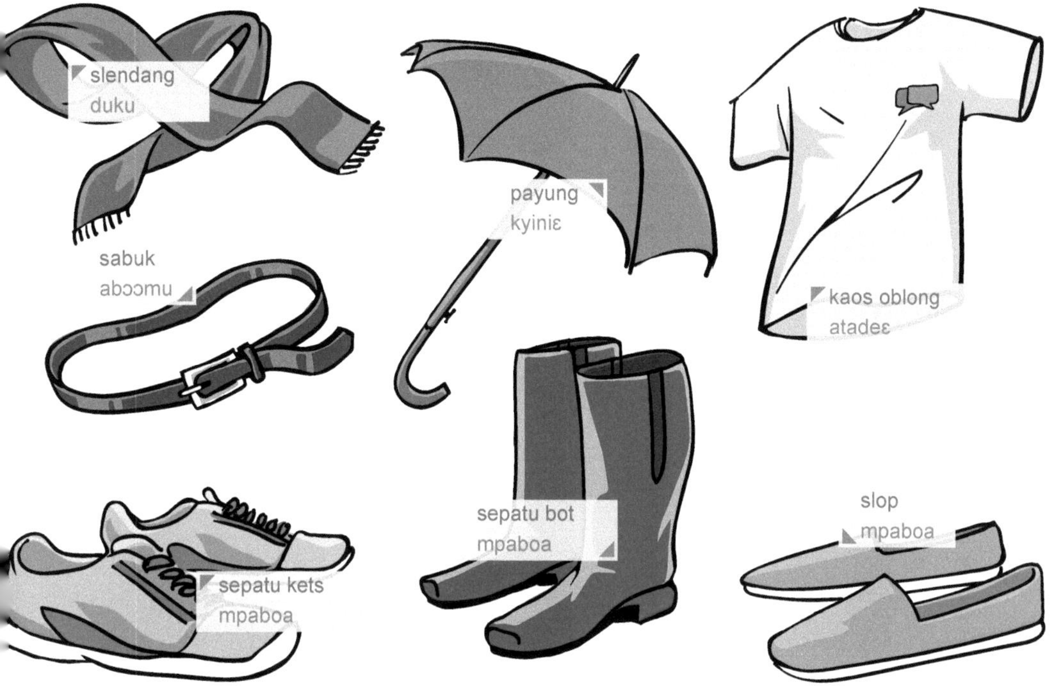

slendang
duku

payung
kyiniɛ

kaos oblong
atadeɛ

sabuk
abɔɔmu

sepatu bot
mpaboa

slop
mpaboa

sepatu kets
mpaboa

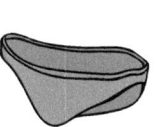

sandal
mpaboa

sepatu
mpaboa

sepatu bot karet
rɔba mpaboa

sempak
drɔs

kutang
adeɛ mmaa hyɛ de kora
wɔn nufu

rompi
fɛst

klambi - ataadeɛ   45

awak
nipadua

kathok
trɔsa

kathok jins
gyins

rok
skɛɛte

blus
mmaa ataade soro

klambi
ataadesoro

jaket nganggo kudung
swata

sweter
ataadeɛ a ɛkyɛ wɔ mu

blezer
kootu

jaket
ataade ngusoɔ

mantel
kootu

jas udan
ataadeɛ wɔhyɛ berɛ nsuo retɔ

kostum
ataadehyɛ

gaun
ataadeɛ

gaun manten
ayifrɔ atadeɛ

klambi - ataadeɛ

setelan

ataade nkatasoɔ

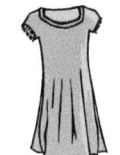

klambi kanggo turu

ataadeɛ a yɛhyɛ de da

piyama

pigyamas

kain sari

sari

kudung

duku

serban

duku

cadar

ataadeɛ Nkramofoɔ mmaa hyɛ na ɛkata wɔn tiri so de kɔsi wɔn nan ase

kaftan

kaftan

abaya

abaya

klambi kanggo nglangi

ataadeɛ a wɔhyɛ de dware nsuo mu

kathok renang

nika

kathok cekak

nika

klambi trening

traksuit

celemek

ntoma a wɔde kata wɔn kɔnmu berɛ wɔreyɛ aduane

sarung tangan

adeɛ wɔde hyɛ wɔn nsa

klambi - ataadeɛ

benik

batin

kacamata

ahwehwɛniwa

gelang

adeɛ wɔde to wɔn nsa

kalung

kɔnmuade

ali-ali

kawa

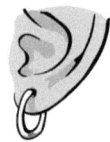

anting-anting

asomadeɛ

peci

ɛkyɛ

gantungan mantel

adeɛ a wɔde kootu hyɛ so

topi

ɛkyɛ

dasi

abɔɔmenemu

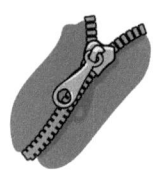

slerekan

zip

helem

ɛkyɛ a wɔhyɛ de twi motosakre

bretel

bresis

sragam sekolah

sukuu ataadeɛ

sragam

ataadeɛ

klambi - ataadeɛ

oto

adeɛ a wɔde gu abɔfra kɔn mu berɛ a wɔredidi

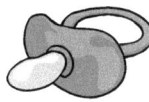

dot

adeɛ a wɔde hyɛ mmɔfra anumu

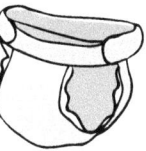

popok

moase tam

kantor
ɔfise

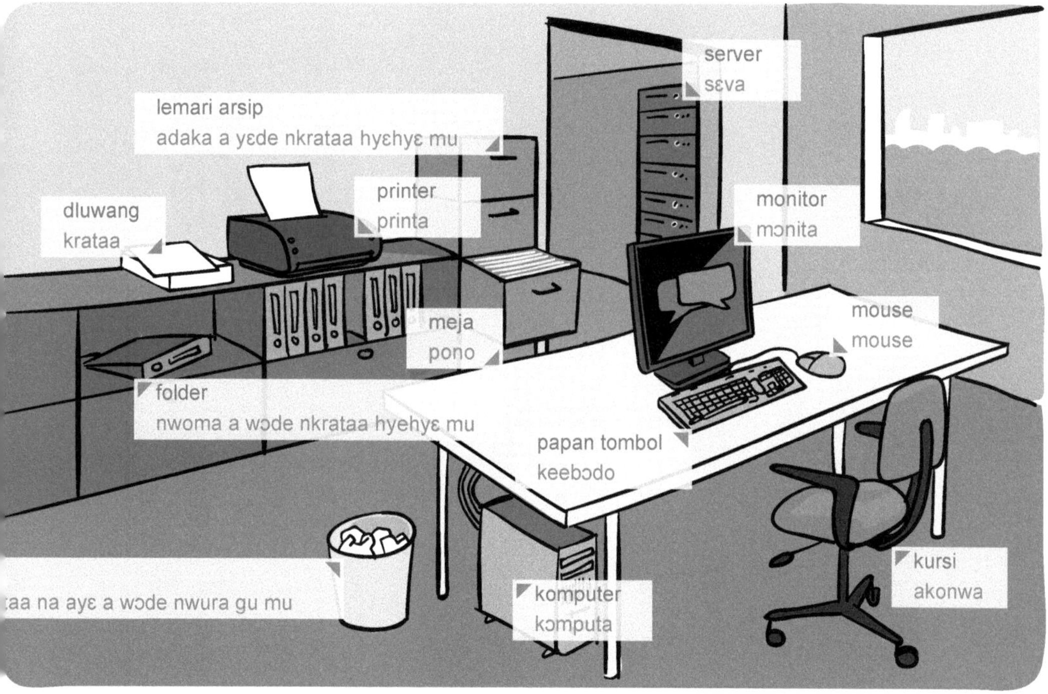

server
sɛva

lemari arsip
adaka a yɛde nkrataa hyɛhyɛ mu

printer
printa

dluwang
krataa

monitor
mɔnita

meja
pono

mouse
mouse

folder
nwoma a wɔde nkrataa hyɛhyɛ mu

papan tombol
keebɔdo

taa na ayɛ a wɔde nwura gu mu

komputer
kɔmputa

kursi
akonwa

cangkir kopi

kɔfe kuruwa

kalkulator

afidie a wɔde bu nkonta

internet

intanɛt

kantor - ɔfise

laptop
laptɔp

surat
krataa

pesen
nkratoɔ

HP
mobile

jaringan
nɛtwɛk

mesin fotokopi
fotokɔpia

software
sɔftwɛɛ

telpon
tetefon

colokan
plɔg sɔkɛti

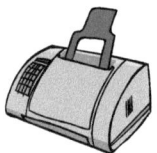
mesin faksimili
fax afidie

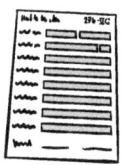
blangko
krataa

dokumen
krataa

kantor - ɔfise

ekonomi
sikasem

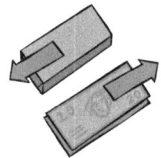
tuku
tɔ

mbayar
tua

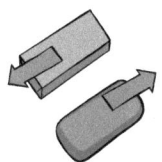
bebakulan
tɔn

duit
sika

dolar
dollar

euro
euro

yen
yen

rubel
rouble

franc Swiss
Swiss franc

yuan renminbi
renminbi yuan

rupe
rupee

cash point
sikabea

kantor pertukaran duit mancanegara
baabi aa yɛsesa

emas
sikakɔkɔɔ

perak
dwetɛ

minyak
ngo

energi
ahooden

rego
ne boɔ

kontrak
nteaseɛ a ɛwɔ krataa so

pajek
ɛtoɔ

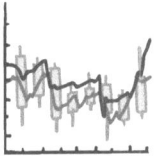

saham
stock

kerjo
yɛ adwuma

pegawe
odwumayɛni

juragan
obi a wafa obi adwumamu

pabrik
afidihyehyɛbea

toko
beaɛ a wɔtɔn adeɛ

ekonomi - sikasɛm

gawean
nnwuma ahodoɔ

perwira polisi
polisini

petugas kobongan
gyadumni

tukang masak
obi a wɔnoa aduane

dokter
dɔkota

pilot
obi a wɔtwi ewiemhyɛn

tukang kebon

kuani

tukang kayu

nnuaseni

tukang jahit

ɔbaa a wɔpam adeɛ

hakim

otɛnmuani

ahli kimia

dufrani

aktor

siniyifoɔ

sopir bis
hyɛnkani

sopir taksi
taxi drɔba

nelayan
ɔfarifo

tukang reresik
ɔbaa wɔpopa beaɛ

tukang pasang gendheng
obi a wɔbɔ dan so

laden
barima a wɔsom wɔ beaɛ a wɔtɔn aduane

pamburu
ɔbɔmɔfo

pelukis
obi wɔde akaado keka ɛden ne nnooma aka ho

tukang roti
brodotofo

tukang listrik
obi a wɔyɛ nkaneɛ ho adwuma

tukang mbangun
dansifo

insinyur
obi a wɔyɛ mfidie akɛseɛ ho adwuma

jagal
namtɔnfo

tukang ledeng
obi a wɔhyehyɛ drobɛn a nsuo fa mu

tukang pos
obi a wɔde nkrataa a amanfoɔ atwerɛ soma no

tentara
ɔsrani

arsitek
obi a wɔyɛ adansie ho adwuma

kasir
obi a wɔhwɛ sika so

bakul kembang
obi a wɔtɔn nhwiren

juru rambut
obi a wɔyɛ tire

kondektur
deɛ wɔgyegye sika wɔ ɛhyɛn mu

mekanik
obi a wɔsiesie ɛhyɛn

kapten
panin

dokter untu
dɔkota a wɔhwɛ se

ilmuwan
abodeɛmu nyasapɛni

rabbi
ɔkyerɛkyerɛni

imam
imam

biksu
monk

pandhita
sofo

alat
akadeɛ

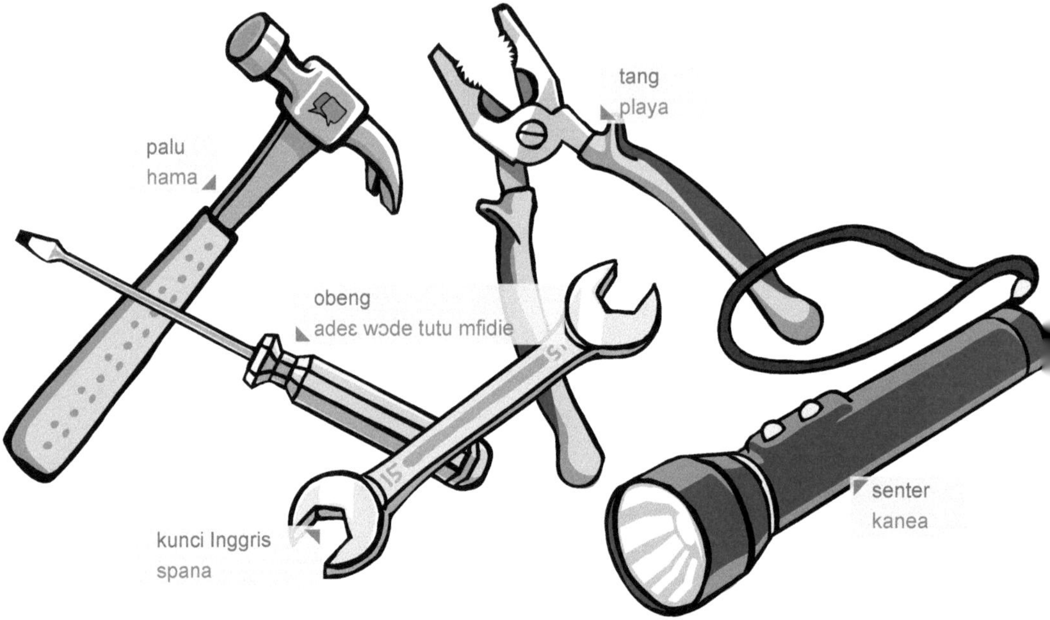

palu
hama

tang
playa

obeng
adeɛ wɔde tutu mfidie

kunci Inggris
spana

senter
kanea

mesin kerukan

afidie a wɔde tu fam

wadah perkakas

adaka a wɔde nnoɔma a
wɔde yɛ adwuma gu mu

andha

atwedeɛ

graji

sradaa

paku

nnadowa

bur

afidie a wɔde mmia nnoɔma
mu

ndandani
siesie

sekop
sɔfi

Bajigur!
Yieee!

serok
asesa nwura

kaleng cat
akaado kora

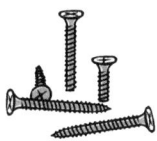

sekrup
dadeɛ wɔde bobɔ nnooma mu

alat musik
mfidie a wɔde bɔ nnwom

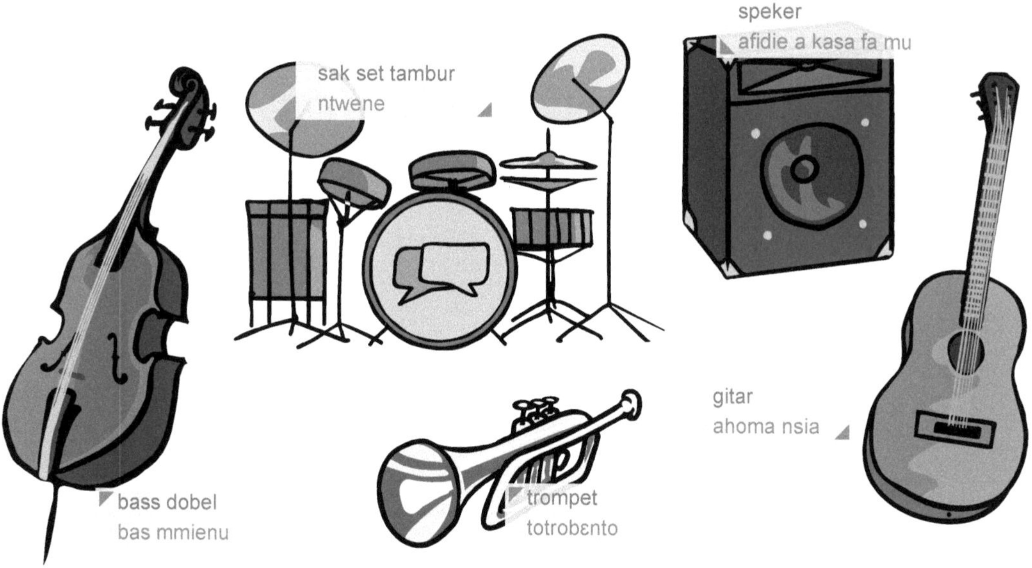

sak set tambur
ntwene

speker
afidie a kasa fa mu

gitar
ahoma nsia

bass dobel
bas mmienu

trompet
totrobɛnto

piano
sankuo

biola
sankuo

bass
ahoma nsia

timpani
timpani

tambur
ntwene

keyboard
sankuo

saksofon
sasofon

suling
trobɛnto

mikropon
akasanoma

alat musik - mfidie a wɔde bɔ nnwom

kebon kewan
mmoakurabea

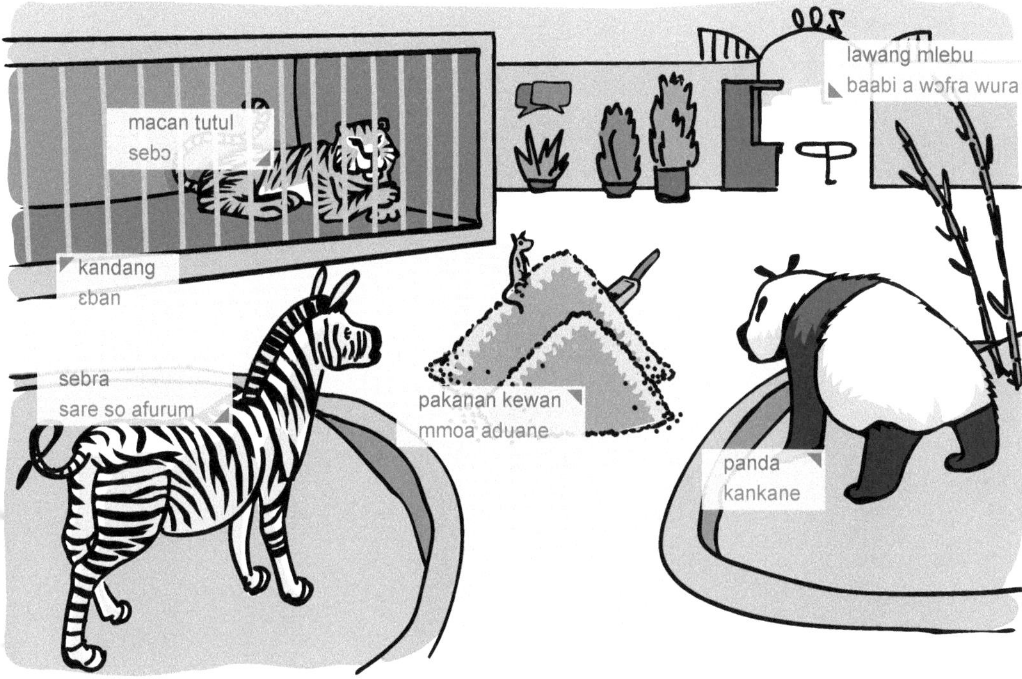

- macan tutul / sebɔ
- kandang / ɛban
- sebra / sare so afurum
- pakanan kewan / mmoa aduane
- lawang mlebu / baabi a wɔfra wura m
- panda / kankane

kewan
mmoa

gajah
ɔsono

kanguru
kangaroo

badak
bɛnkorɔ

gorila
akaatia

beruang
sisire

unta
yoma

manuk unta
sohori

singa
gyata

kethek
kontromfi

flamingo
asukɔnkɔn

bethet
ako

beruang kutub
sisire

pinguin
penguin

hiu
oboodede

merak
kohaa

ula
ɔwɔ

baya
dɛnkyɛm

juru kunci kebon kewan
mmoasohwɛfo

singa segara
sukraman

jaguar
sebɔ

jaran poni
pɔnkɔ ketewa

macan tutul
etwie

kuda nil
susono

jrapah
kɔntenten

garudha
ɔkɔdeɛ

celeng
kɔkɔte

iwak
nsuomunam

bulus
sudanda

walrus
sukraman

rubah
sakraman

kidang
adowa

olahraga
agokansie

kegiatan
dwumadie ahodoɔ

mencolot
huri

ngguyu
sre

ngrangkul
fam

mlaku
nante

nembang
to nwom

ngimpi
so daeɛ

ndonga
bɔ mpaeɛ

ngambung
fe ano

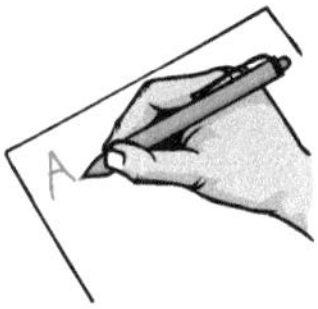

nulis
twerɛ

nggambar
dwidwi

nuduhake
kyerɛ

mencet
pia

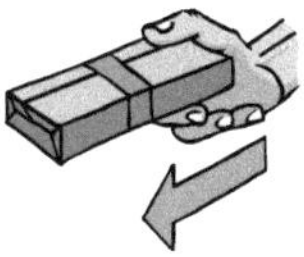

menehi
ma

njupuk
fa

kegiatan - dwumadie ahodoɔ

duweni
gye

nindakake
yɛ

yaiku
yɛ

ngadek
gyina

mlayu
tu mirika

narik
twe

nguncalake
tɔ

tiba
tɔ fam

ngapusi
twa ntorɔ

ngenteni
twɛn

nggawa
soa

lungguh
tena ase

klamben
hyɛ atadeɛ

turu
da

tangi
sɔre

ndheleng
hwɛ

nangis
su

ngelus
fa wo nsa fefa ho

njungkati
nunu wotirim

ngomong
kasa

mangerteni
te aseɛ

takon
bisa

ngrungoake
tie

ngombe
nom

mangan
didi

ngrapiake
siesie

nrisnani
dɔ

masak
noa

nyopir
ka kaa

mabur
tu

kegiatan - dwumadie ahodoɔ

nglayar
ka

itung
bo ho nkonta

maca
kan

sinau
sua

kerjo
yɛ adwuma

ngrabi
ware

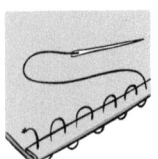
njahit
pam

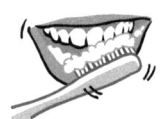
nyikat untu
twitwi wo se

mateni
kum

ngrokok
hye

ngirim
soma

keluarga
abusua

- mbah putri / nanabaa
- mbah kakung / nana barima
- bapak / papa
- ibu / maame
- bayi / abɔfra
- anak wedok / babaa
- anak lanang / babarima

tamu

ɔhɔhoɔ

bu lik

sewaa

pak lik

wɔfa

dulur lanang

nua barima

dulur wadon

nuabaa

awak
nipadua

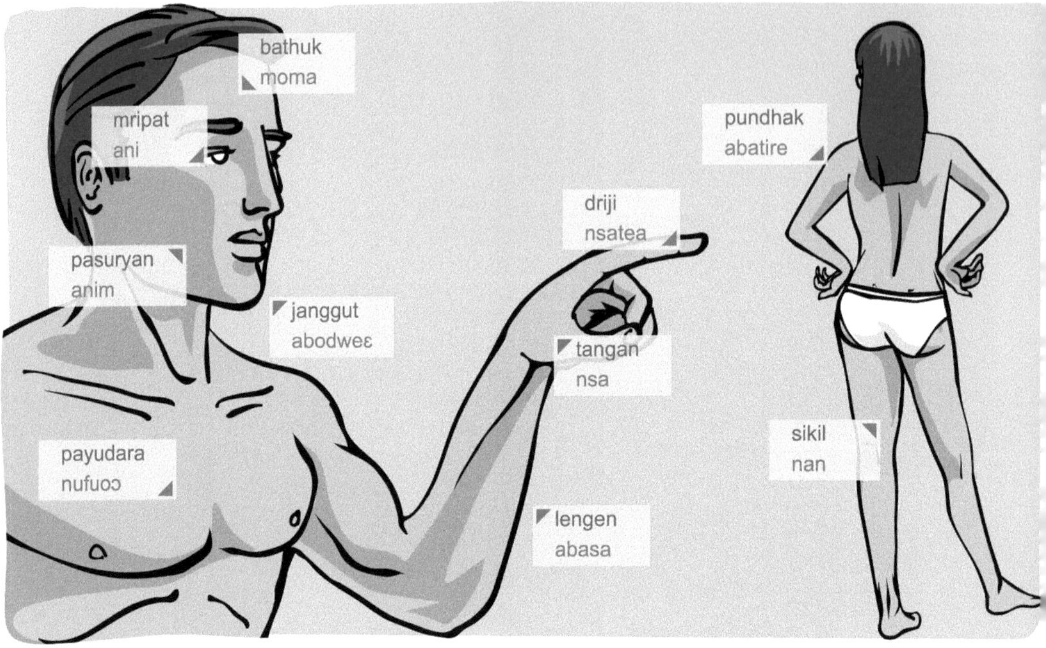

- bathuk / moma
- mripat / ani
- pasuryan / anim
- janggut / abodwea
- payudara / nufuɔɔ
- pundhak / abatire
- driji / nsatea
- tangan / nsa
- sikil / nan
- lengen / abasa

bayi
abɔfra

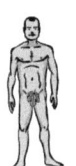

lanang
barima

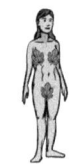

wadon
ɔbaa

bocah wadon
abaayewa

bocah lanang
abarimaa

sirah
ɛtire

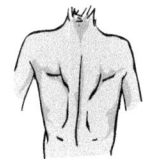	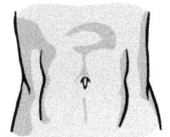	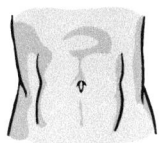
geger akyi	weteng yafunu	puser furuma
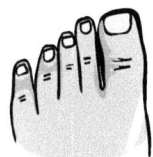	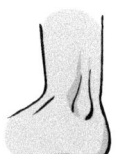	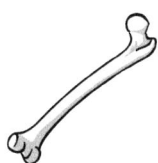
driji sikil nansoa	tungkak nantini	balung dompe
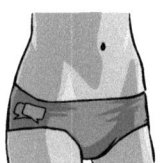	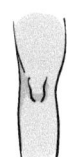	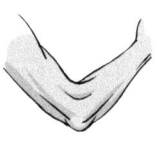
panggul sisi	dengkul kotodwe	sikut abatwerɛ
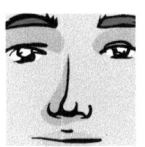	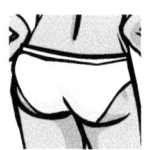	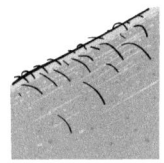
irung hwene	bokong cotɔ	kulit wedeɛ
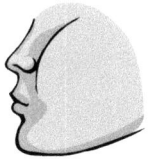	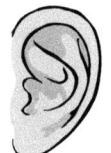	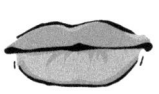
pipi afono	kuping aso	lambe ano

awak - nipadua

lisan
ano

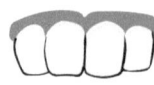
untu
ɛse

ilat
tɛkyerɛma

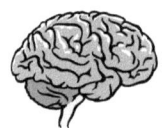
uteg
adwene

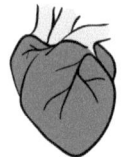
jantung
akoma

otot
honam

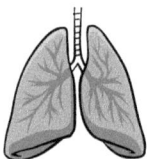
paru
ahrawa

ati
brɛbɔɔ

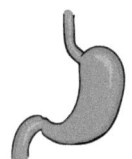
garba
afuro

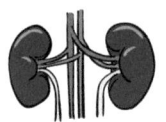
ginjel
sawa

sanggama
barima ne ɔbaa nna mu nhyiamu

kondom
kɔndɔm

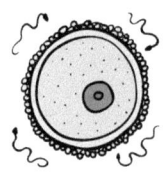
ovum
nkosua a ɛwɔ obaa mu

mani
barima ho nsuo

mbobot
nyinsɛn

awak - nipadua

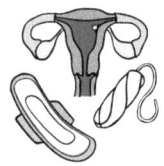
haid
brayɔ

vagina
ɛtwɛ

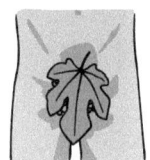
zakar
kɔteɛ

alis
aniakyi nwii

rambut
nwii

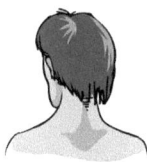
gulu
kɔn

awak - nipadua

griya sakit
asopiti

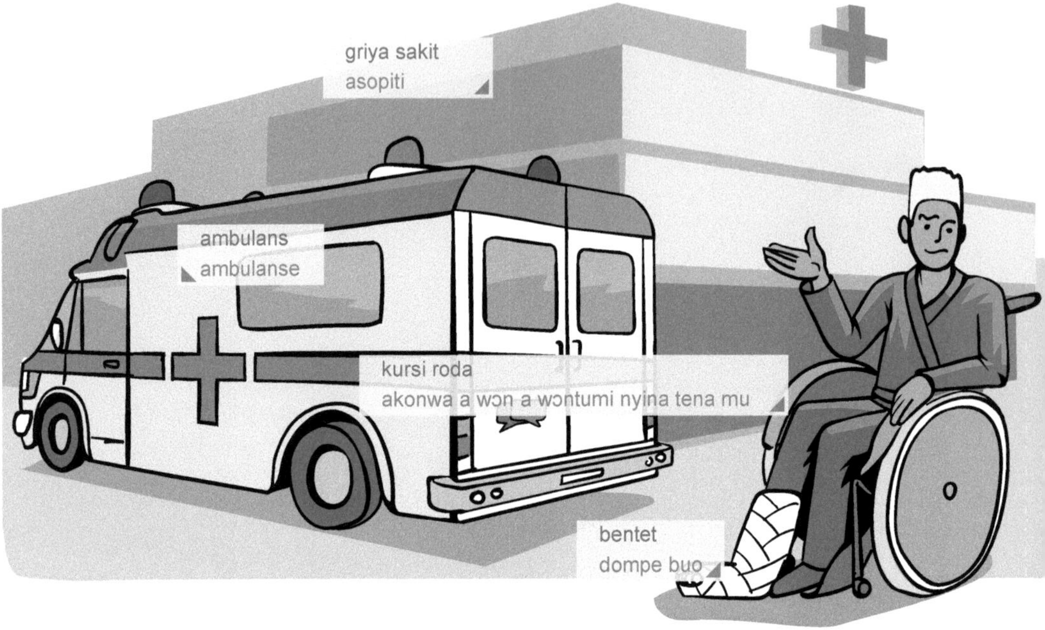

griya sakit
asopiti

ambulans
ambulanse

kursi roda
akonwa a wɔn a wɔntumi nyina tena mu

bentet
dompe buo

dokter

dɔkota

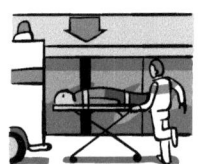

kamar gawat darurat

ɛdan a wɔde wɔn a wɔn apira kɔ mu kɔhwɛ wɔn ɔhare so

perawat

nɛɛse

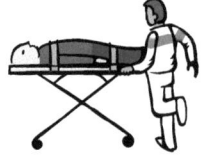

dharurat

putupru

ora sadar

fenti

linu

yaw

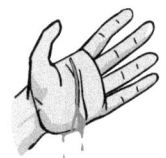

tatu
pira

getihen
mogyatuo

serangan jantung
akoma yareɛ

setruk
nwodwoɔ yareɛ

alergi
adeɛ wo honam mpɛ

watuk
ɛwa

ngelu
ahoɔhyeɛ

pilek
papu

diare
ayɛmhwie

mumet
tiripayɛ

kanker
kokoram

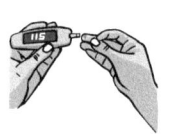

diabetes
asikyire yareɛ

ahli bedah
dɔkotani wɔpaepae obi sa no yareɛ

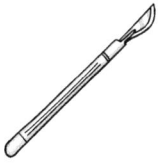

lading bedah
sekamma

operasi
repaepae obi ho asa no yareɛ

griya sakit - asopiti

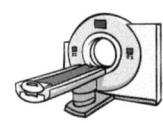

CT
CT

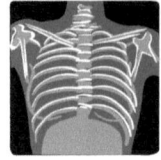

sinar x
x-ray

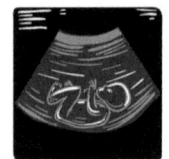

USG
mfonin a wɔtwa de hwɛ awodeɛ mu

masker
anim nkatadeɛ

penyakit
yareɛ

kamar nunggu
dan aa yɛtwɛn wɔ mu

pitulung
klɔkye

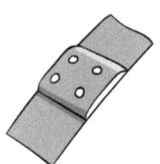

perban
plasta

perban
bandege

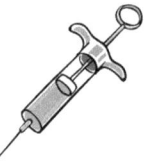

suntik
paneɛ

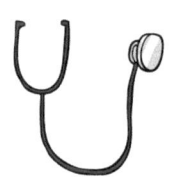

stetoskop
afidie a wɔde tie dede wɔ nnipa ho

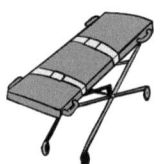

tandu
mpa

termometer klinik
afidie wɔde hwɛ ahoɔhyeɛ

lair
awoɔ

kalemon
kɛseyɛ mmorosoɔ

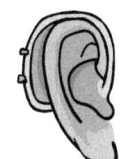

alat bantu dengar

afidie a ɛboa ma obi te asɛm yie

disinfektan

aduro a wɔde ko tia yaremmoa bateria

infeksi

yareɛ nsaeɛ

virus

yaremmoawa

HIV/AIDS

HIV / AIDS

obat

aduro

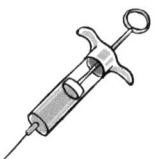

vaksinasi

nsianoaduru paneɛwɔ

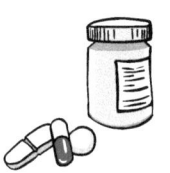

tablet

nnuro a wɔmene

pil

aduro a wɔmene

nomer telpon darurat

putupru frɛ

ngukur tensi getih

afidie a wɔde hwɛ sɛdeɛ mogya di aforosane

lara / waras

yareɛ / ahuɔden

griya sakit - asopiti 75

dharurat
putupru

Tulung!
Boa me!

alarem
alam

sergap
repira obi

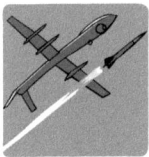

serangan
to hyɛ biribi so

bebaya
amanɛɛ

lawang metu dharurat
kwan a wɔfa so pue berɛ asɛm asi putupuru

Kobongan!
Egya!

alat mateni geni
adeɛ a wɔde dum gya

kacilakan
akwanhyia

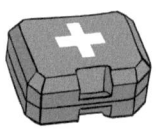

pitulungan wiwitan
mmoa a edikan akadeɛ

SOS
SOS

polisi
polisi

bumi
Ewiase

Eropa

Europe

Amerika Lor

North America

Amerika Kidul

South America

Afrika

Afrika

Asia

Asia

Australia

Australia

Atlantik

Atlantic

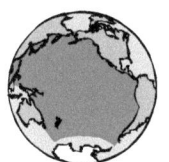

Pasifik

Pacific

Samudra Hindia

Indian Ocean

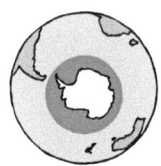

Samudra Antartika

Antartic Ocean

Samudra Arktik

Arctic Ocean

Kutub Lor

North Pole

Kutup Kidul
South Pole

Antarktika
Atartica

bumi
Ewiase

daratan
asaase

segara
ɛpo

pulau
ɛpoano

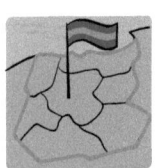

bangsa
ɔman

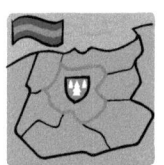

negara
ɔman

jam
mmerɛ kyerɛfoɔ

layar jam
mmerɛ kyerɛfoɔ no anim

dom jam
dɔnhwere nsa

dom menit
sima nsa

dom detik
anitɛtɛ nsa

Jam piro saiki?
Abɔ sɛn?

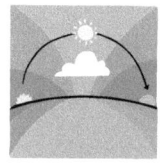

dina
da

wektu
mmerɛ

saiki
seisei ara

jam digital
abɛɛfo mmerɛ kyerɛfoɔ

menit
sima

jam
dɔnhwere

jam - mmerɛ kyerɛfoɔ

minggu
nnawɔtwe

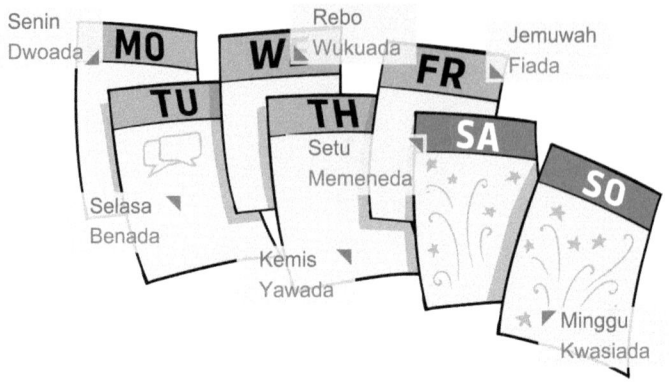

wingi
ɛnora

saiki
nnɛ

sesuk
ɔkyena

esuk
anɔpa

awan
awia

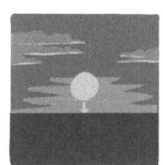

bengi
anwummerɛ

dina kerja
adwuma nna

akhir minggu
nnawɔtwe awieɛ

tahun
afe

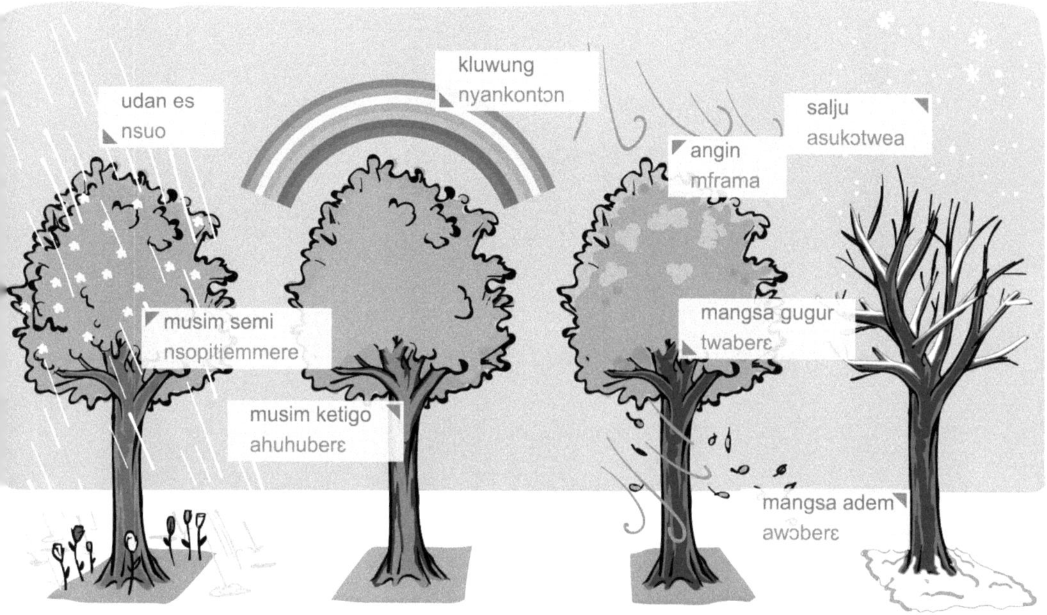

udan es
nsuo

kluwung
nyankontɔn

salju
asukɔtwea

angin
mframa

musim semi
nsɔpitiemmere

musim ketigo
ahuhuberɛ

mangsa gugur
twaberɛ

mangsa adem
awɔberɛ

ramalan cuaca

ewiemu nsesaeɛ

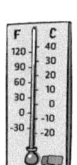

termometer

afidie a wɔde hwɛ ahoɔhyeɛ

srengenge

awiabɔ

mendhung

munumkum

kabut

ɛbɔ

kelembapan

nsuo a ɛwɔ mframa mu

kilat
ayerɛmo

bledheg
agradaa

badai
nsuden ne mframa

udan es
sukɔtwea

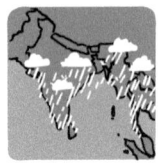

muson
mframa a ɛde nsuo ba

banjir
nsuyiri

es
asukɔtwea

Januari
ɔpɛpɔn

Februari
ɔgyefoɔ

Maret
ɔbɛnem

April
Oforisuo

Mei
Kotonimaa

Juni
Ayɛwohumumɔ

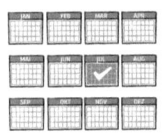

Juli
Kitawonsa

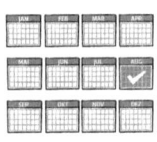

Agustus
ɔsanaa

tahun - afe

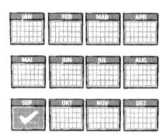
September
ɛbɔ

Oktober
Ahinime

Nopember
Obubuo

Desember
pɛnimaa

wangun
bɔbea

bunder
kanko

kuadrat
ahenanan

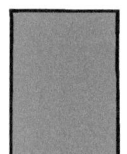
segi papat
fasene

segi telu
ahinasa

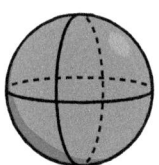
bal
kanko

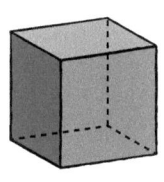
kubus
ahenanan

warna
ahosuo

putih
fitaa

kuning
akokɔsradeɛ

oranye
akokɔsradeɛ

jambon
memen

abang
kɔkɔɔ

ungu
beredum

biru
bibire

ijo
ahabanmono

coklat
dodoeɛ

abu-abu
nson

ireng
tuntum

kontras
abirabɔ

akeh / sithik

bebree / ketewa

nesu / kalem

abufuo / brɛo

ayu / elek

fɛfɛɛfɛ / tantantan

pawitan / pungkasan

ahyɛasee / awieɛ

gede / cilik

kɛseɛ / ketewa

padhang / peteng

ɛhyerɛ / ɛdum

sedulur lanang / sedulur wadon

nua barima / nuabaa

resik / reged

ɛho te / ɛfi

pepak / ora pepak

wawie / onwieeyɛ

awan / bengi

anopa / anadwo

mati / urip

wawu / ɔtease

jembar / sempit

emu bue / emu mmueɛ

iso dipangan / ora iso dipangan
yetumi di / yentumi nni

ala / becik
bɔne / papa

seneng / bosen
anigyeɛ / w'ani nka

lemu / kuru
kɛseɛ / hwea

pisanan / pungkasan
di kan / ka akyi

kanca / musuh
adanfo / atanfo

kebak / kosong
ayɛ ma / hwee nnimu

atos / empuk
dendenden / mrɛmrɛmrɛ

abot / enteng
emu ye duru / emu yɛ ha

luwe / wareg
ɛkɔm / nsukɔm

lara / waras
yareɛ / ahuɔden

illegal / legal
ɛnfa mmrakwanso / mmrakwanso

pinter / bodo
nimdifo / gyimifo

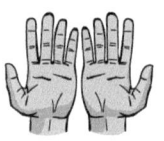

kiwa / tengen
benkum / nifa

cedhak / adoh
ɛbɛn / ɛmu ware

kontras - abirabɔ

anyar / lawas

foforo / dada

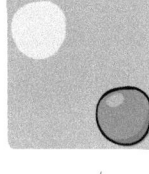

ora ana / ana

ɛnyɛ hwee / biribi

tuwa / enom

panyin / abɔfra

urip / mati

sɔ / dum

buka / tutup

bue / yatom

anteng / rame

dinn / dede

sugeh / mlarat

sikani / ohiani

bener / salah

papa / bɔne

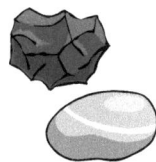

kasar / alus

wewerɛwewerɛ / tromtrom

susah / seneng

awerehoɔ / anigye

cendhak / dawa

tiatia / tentene

alon / banter

brɛoo / ntɛm

teles / garing

afɔ / awo

anget / adem

ɛyɛ hye ɑyɛ / adwo

perang / tentrem

ntɔkwa / asomdwoe

kontras - abirabɔ

angka
nɔma

0
nol
ohunu

1
siji
baako

2
loro
mmienu

3
telu
mmiensa

4
papat
nan

5
limo
num

6
enem
nsia

7
pitu
nson

8
wolu
nwɔtwe

9
songo
nkron

10
sepuluh
du

11
sewelas
du-baako

12
rolas
du-mmienu

13
telulas
du-mmiensa

14
patbelas
du-nan

15
limolas
du-num

16
nembelas
du-nsia

17
pitulas
du-nson

18
wolulas
du-nwɔtwe

19
songolas
du-nkron

20
rong puluh
aduonu

100
satus
ɔha

1.000
sewu
apem

1.000.000
sak yuto
ɔpepe

basa-basa
kasa ahodoɔ

basa Inggris
Brofo kasa

basa Inggris Amerika
Amerika Brofo

basa Cina Mandarin
Chinese Mandarin

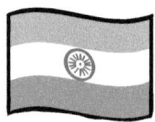
basa Hindi
Hindi

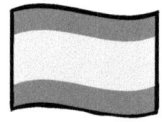
basa Spanyol
Spanish

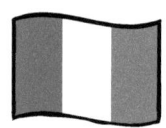
basa Prancis
French

basa Arab
Arabic

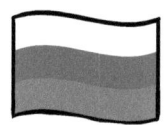
basa Rusia
Russian

basa Portugis
Portuguese

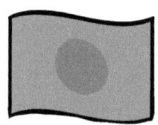
basa Bengali
Bengali

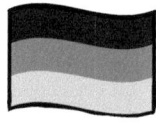
basa Jerman
German

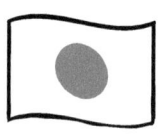
basa Jepang
Japanese

sapa / apa / piye
hwan/aden/ sɛn

aku

me

kowe

wo

dheweke

ɔno

kita

yɛn

kowe kabeh

wo

dheweke kabeh

wɔn

sapa?

hwan?

apa?

aden?

piye?

sɛn?

neng endi?

ɛhefa?

kapan?

dabɛn?

jeneng

din

neng endi
hefa

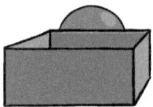

mburi

n'akyi

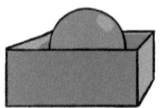

ing jero

ɛmu

ing ngarep

wɔ n'anim

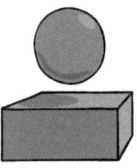

ing dhuwure

soro

ing

so

ing ngisore

aseɛ

sisih

nkyene

antarane

ntam

panggonan

fa hyɛ